Impressum
Verlag: BABADADA GmbH, Nedderfeld 112 , 22529 Hamburg
Geschäftsführer / Verlagsleitung: Harald Hof
Druck: Books on Demand GmbH, In de Tarpen 42, 22848 Norderstedt

Imprint
Publisher: BABADADA GmbH, Nedderfeld 112 , 22529 Hamburg, Germany
Managing Director / Publishing direction: Harald Hof
Print: Books on Demand GmbH, In de Tarpen 42, 22848 Norderstedt

duɗal
l'école

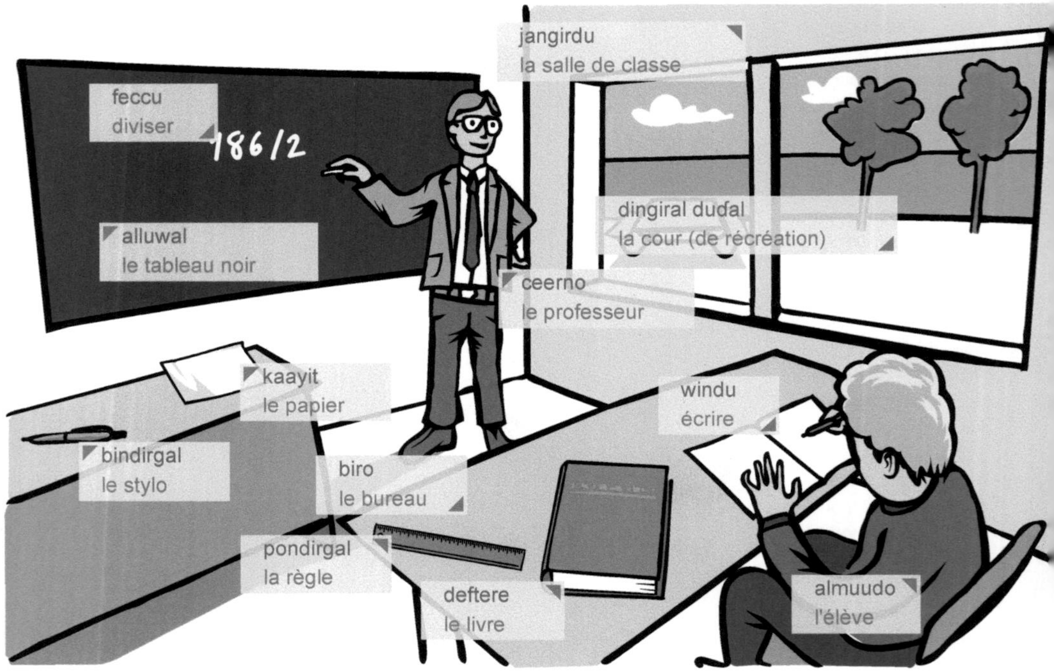

jangirdu
la salle de classe
feccu
diviser
186/2
alluwal
le tableau noir
dingiral duɗal
la cour (de récréation)
ceerno
le professeur
kaayit
le papier
windu
écrire
bindirgal
le stylo
biro
le bureau
pondirgal
la règle
deftere
le livre
almuudo
l'élève

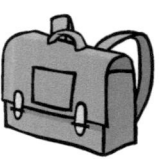

sakosel

le cartable

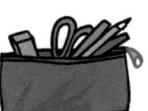

suudu kuɗol

la trousse

kuɗol

le crayon

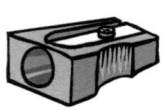

ceeɓnoowo kuɗol

le taille-crayon

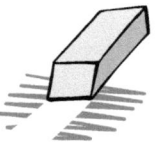

momtirgal

la gomme

nokku diidirɗo

le carnet à dessin

diidgol

le dessin

diidirgal

le pinceau

suudu diidordu

la boîte de peinture

sisooje

les ciseaux

kol

la colle

deftere softinorde

le cahier d'exercices

coftinogol

les devoirs

tongoode

le chiffre

2+2

ɓeydu

additionner

ustu

soustraire

hebbin

multiplier

lim

calculer

ɓataake

la lettre

hijju

l'alphabet

kongol

le mot

windande

le texte

jangu

lire

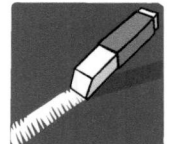

bindirgal

la craie

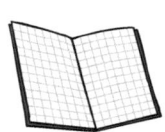

darsu

la leçon

windaade

le livre de classe

ÿeewtogol

l'examen

ijaazi

le certificat

wutte jaŋirɗo

l'uniforme scolaire

jaŋde

la formation

ɗowitorde mawnde

le lexique

jaaɓi haatirde

l'université

mokoroskop

le microscope

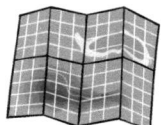

wertaango

la carte

siwo mbalis

la corbeille à papier

ɗannaade
le voyage

otel
l'hôtel
Grand
hoɗirdu
l'auberge
ROOMS
nokku beccirɗo
le bureau de change
CHANGE
woliis
la valise
oto
la voiture

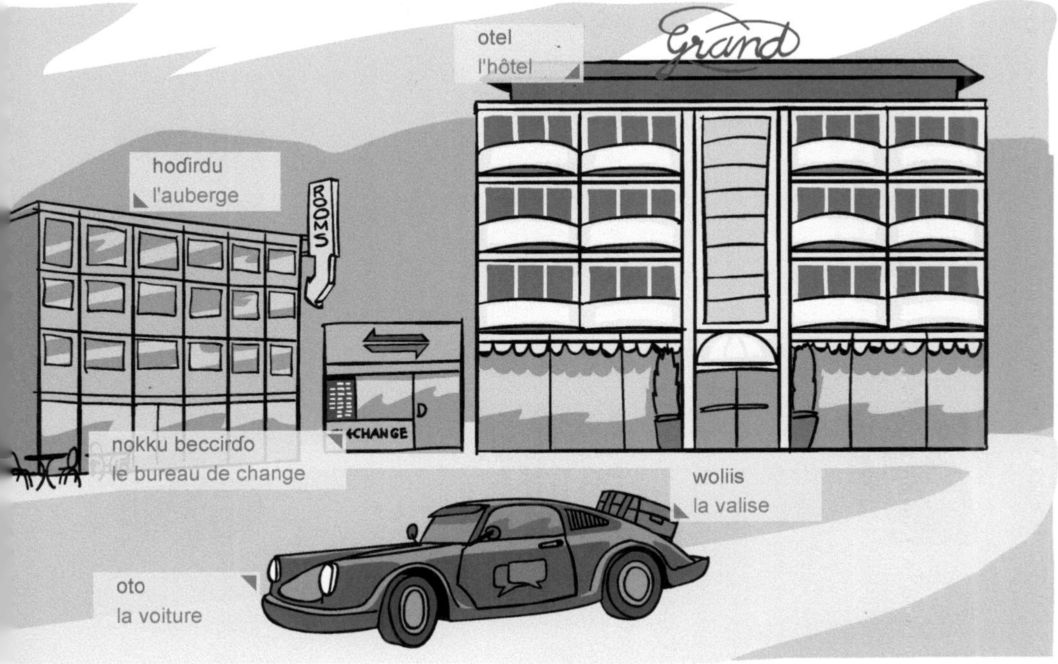

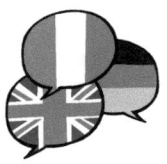

ɗemngal

la langue

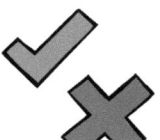

ey / ala

oui / non

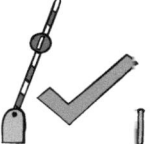

Eyyo

d'accord

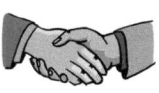

mbaɗɗa

Salut

pirtoowo

l'interprète

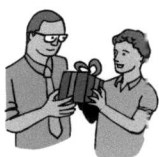

jaraama

merci

hono foti...?

Combien coûte...?

mi faamaani

Je ne comprends pas

satteende

le problème

jam hiiri

Bonsoir !

jam waali

Bonjour !

jam waal

Bonne nuit !

baay baay

Au revoir

ngardiindi

la direction

kaake

les bagages

saak

le sac

saak bakke

le sac-à-dos

koɗo

l'hôte

suudu

la pièce

saak ɗaanorɗo

le sac de couchage

taanta

la tente

kabaaru jillotooɗo

l'office de tourisme

palaaz

la plage

kartal kered i

la carte de crédit

kasitaari

le petit-déjeuner

bottaari

le déjeuner

hiraande

le dîner

tikkett

le billet

suutde

l'ascenseur

tembere

le timbre

keerol

la frontière

soodooɓe

la douane

ambasaat

l'ambassade

wiisa

le visa

paaspoor

le passeport

yangarta
le transport

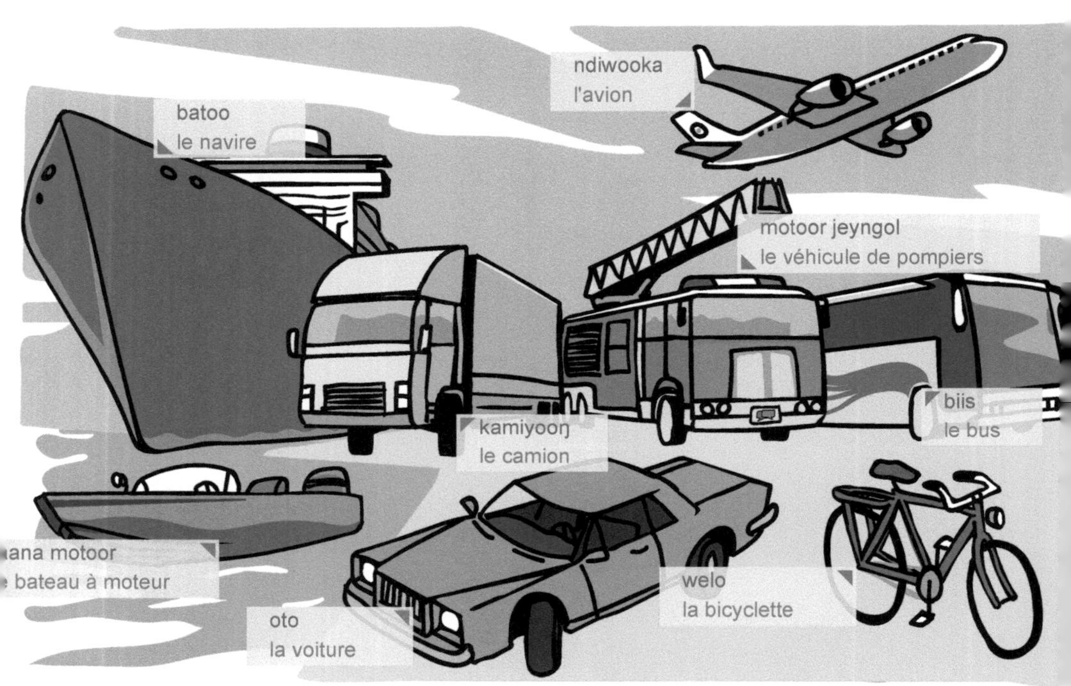

ndiwooka
l'avion

batoo
le navire

motoor jeyngol
le véhicule de pompiers

biis
le bus

kamiyoŋ
le camion

ana motoor
bateau à moteur

welo
la bicyclette

oto
la voiture

baak
le ferry

laana
la barque

welo motoor
la moto

oto poliis
la voiture de police

oto dandu
la voiture de course

otoluwaaɗo
la voiture de location

rendude oto

l'auto-partage

leŋge

la voiture de remorquage

kamiyooŋ salo

la benne à ordures

moto

le moteur

gaas

l'essence

esaaseer

la station d'essence

maantorde tali

le panneau indicateur

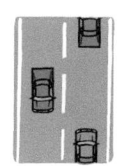

tali

le trafic

ɓittugol tali

l'embouteillaçe

darnirde oto

le parking

dartorde teree

la gare

laabi

les rails

teree

le train

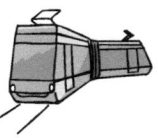

taraam

le tramway

nawgol

le wagon

elikooteer

l'hélicoptère

aydapoor

l'aéroport

huɓeere

la tour

jahoowo

le passager

kontaneer

le conteneur

kees

le carton

saret

le chariot

siwo

la corbeille

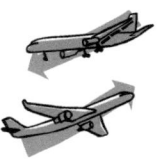

diw / tello

décoller / atterrir

wuro

la ville

saare

le village

hakkunde wuro

le centre-ville

galle

la maison

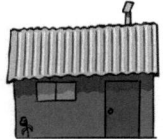

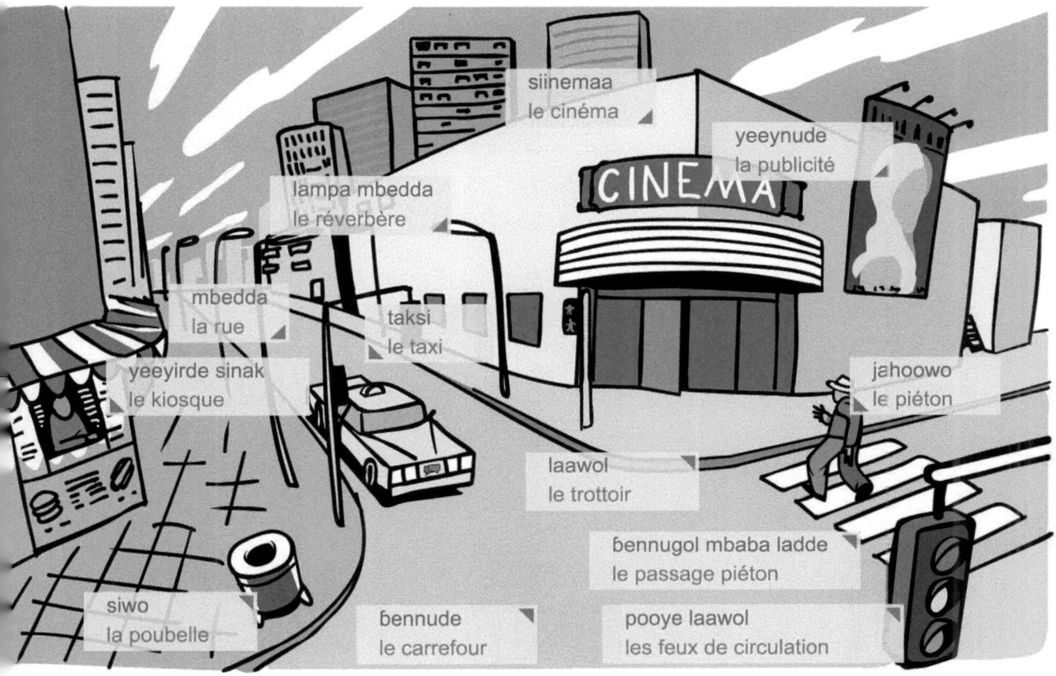
siinemaa
le cinéma
yeeynude
la publicité
CINEMA
lampa mbedda
le réverbère
mbedda
la rue
taksi
le taxi
yeeyirde sinak
le kiosque
jahoowo
le piéton
laawol
le trottoir
ɓennugol mbaba ladde
le passage piéton
siwo
la poubelle
ɓennude
le carrefour
pooye laawol
les feux de circulation

tiba

la cabane

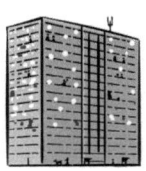

hoɗorde

l'appartement

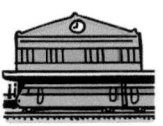

dartorde teree

la gare

meeri

la mairie

MUSEUM

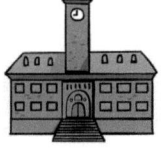

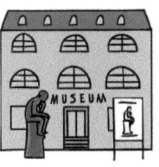

miise

le musée

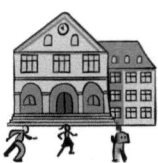

duɗal

l'école

jaaɓi haatirde

l'université

baŋke

la banque

safrirdu

l'hôpital

otel

l'hôtel

farmasii

la pharmacie

gollorde

le bureau

yeeyirde defte

la librairie

yeeyirde

le magasin

mo nehoowo leɗɗe

le fleuriste

duggere

le supermarché

jeere

le marché

yeeyirde diiwaan

le grand magasin

mo gawoowo

la poissonnerie

nokku njeeygu

le centre commercial

telloorde

le port

parka

le parc

joodorde

la banque

pooŋ

le pont

ŋabbirde

les escaliers

les leydi

le métro

laawol les

le tunne

dartorde biis

l'arrêt de bus

baar

le bar

restoraaŋ

le restaurant

suudu posto

la boîte à lettres

maantorde mbedda

le panneau indicateur

meetorde parka

le parcmètre

nehirde kulle

le zoo

pisiin

le réverbère

jumaa

la mosquée

ngesa

la ferme

bonande

la pollution

genaale

la cimetière

ekiliis

l'église

dingiral

l'aire de jeux

tempele

le temple

satto

le paysage

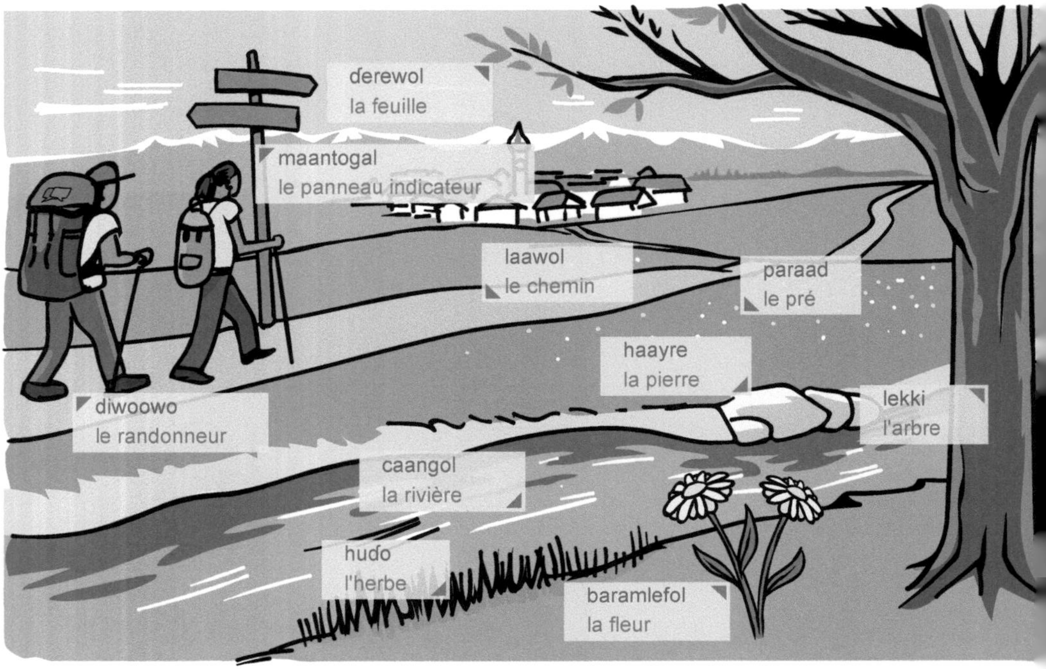

ɗerewol
la feuille

maantogal
le panneau indicateur

laawol
le chemin

paraad
le pré

haayre
la pierre

lekki
l'arbre

diwoowo
le randonneur

caangol
la rivière

huɗo
l'herbe

baramlefol
la fleur

fongo

la vallée

tiwaande

la montagne

weendu

le lac

dundu

la forêt

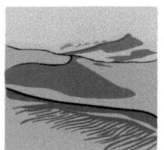

ladde

le désert

wolkaaŋ

le volcan

hoɗorde

le château

timtimol

l'arc-en-ciel

wiiduru gaynaako

le champignon

lekki koko

le palmier

ɓongu

le moustique

diw

la mouche

ñuuñu

les fourmis

ñaaku

l'abeille

njabala

l'araignée

karaab

le coléoptère

paaɓa

la grenouille

jiire

l'écureuil

nguru paaɓa

le hérisson

wojere

le lièvre

hooweere

la chouette

ndiwri

l'oiseau

kankaleewal

le cygne

fowru

le sanglier

lella

le cerf

kooba

l'élan

baaraas

le barrage

seɗa hendu

l'éolienne

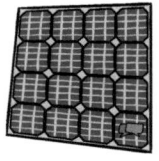

mbeɗu naange

le panneau solaire

kilimaaŋ

le climat

restoraaŋ
le restaurant

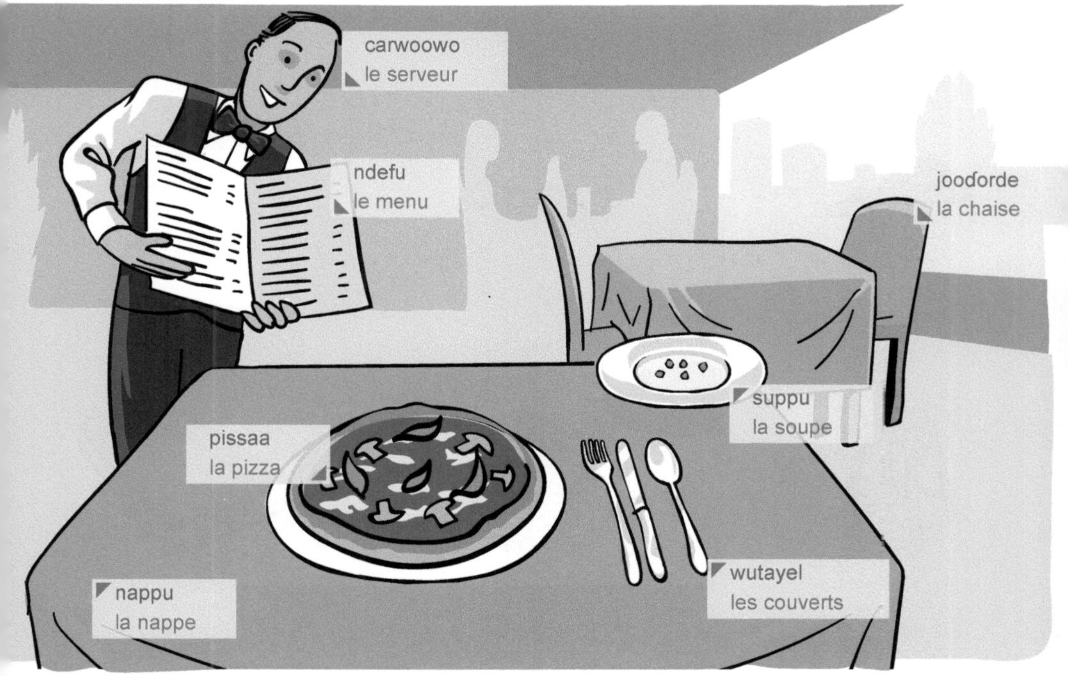

carwoowo
le serveur
ndefu
le menu
joodorde
la chaise
suppu
la soupe
pissaa
la pizza
wutayel
les couverts
nappu
la nappe

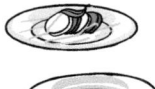

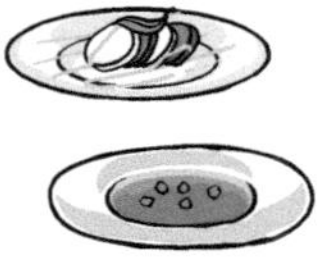

pudɗorɗo

les hors d'œuvre

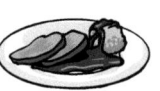

barme mawɗo

le plat principal

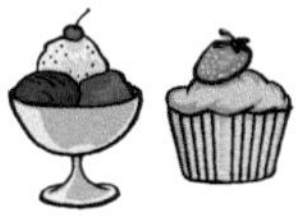

deseer

le dessert

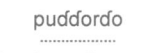

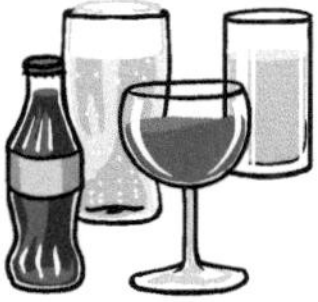

njarameeje

les boissons

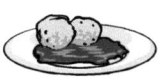

ñamri

l'alimentation

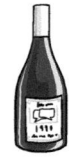

bitel

la bouteille

fastfuut

le fast-food

ñaamde mbedda

les plats à emporter

pot ataaya

la théière

taasa suukara

le sucrier

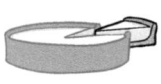

geɗal

la portion

masiŋ esperesoo

la machine à expresso

jooɗorde toownde

la chaise haute

faktiir

la facture

terey

le plateau

paaka

le couteau

fursett

la fourchette

kuddu

la cuillère

kuddu ataaya

la cuillère à thé

torsooŋ

la serviette

weer

le verre

palaat

l'assiette

palaat suppu

l'assiette à soupe

coosoowo

la soucoupe

soos

la sauce

pot lamɗam

la salière

poobaar

le moulin à poivre

wineegar

le vinaigre

diwliin

l'huile

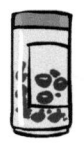

kaaniije

les épices

ketsoop

le ketchup

mutaarde

la moutarde

maynees

la mayonnaise

duggere
le supermarché

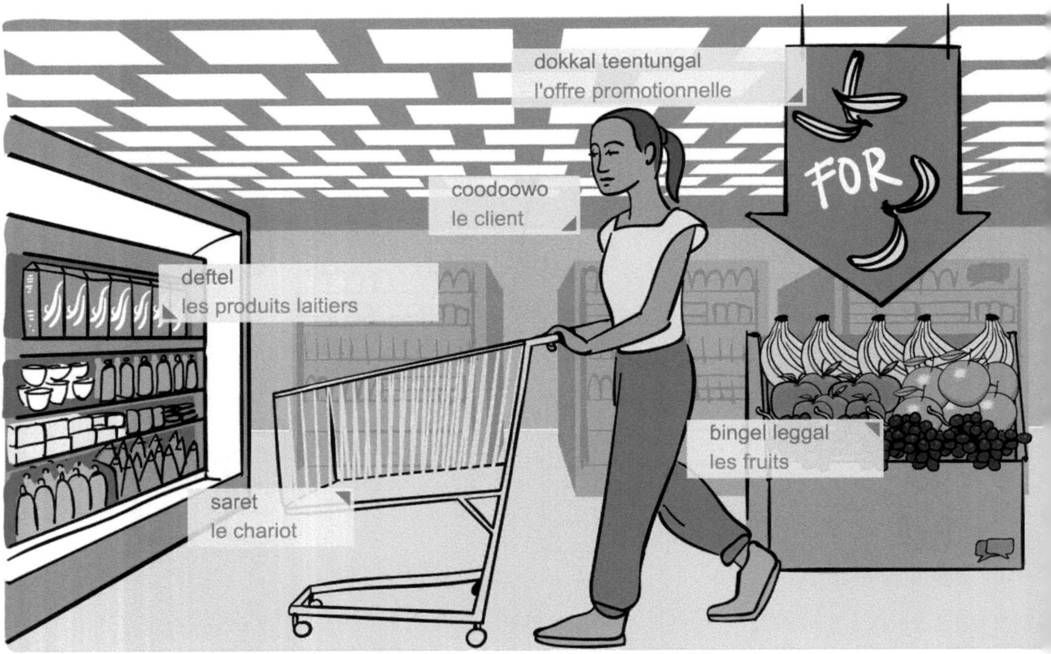

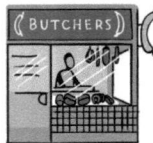

dokkal teentungal
l'offre promotionnelle
FOR
coodoowo
le client
deftel
les produits laitiers
ɓingel leggal
les fruits
saret
le chariot

BUTCHERS

mo jeeyoowo teewu

la boucherie

BAKERY

mo piyoowo mburu

la boulangerie

ɓett

peser

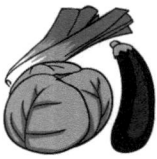

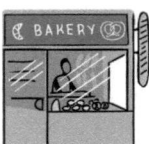

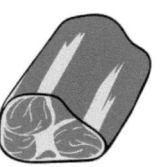

ɓiɓe leɗɗe

les légumes

teewu

la viande

ñamri fendiindi

les aliments surgelés

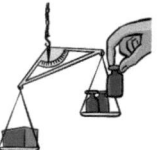

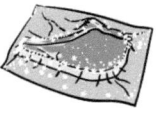

teewu ɓuuɓngu

la charcuterie

ñamri

les conserves

omo

la poudre à lessive

tangaleeji

les bonbons

geɗe galle

les articles ménagers

geɗe laɓɓinooje

les détergents

jeeyoowo

la vendeuse

hippoode

la caisse

ngaluyanke

le caissier

limo soodetee

la liste d'achats

waktuuji gudditeeɗi

les heures d'ouverture

kalbe

le portefeuille

kartal keredii

la carte de crédit

saak

le sac

saak dalli

le sac en plastique

duggere - le supermarché

ndiyam

l'eau

sii

le jus de fruit

kosam

le lait

Koowk

le coca

sangara

le vin

sangara

la bière

alkol

l'alcool

koka

le chocolat chaud

ataaya

le thé

kafe

le café

esperesoo

l'expresso

kaputsiino

le cappuccino

banaana

la banane

pomere

la pomme

oraaŋs

l'orange

dende

le melon

limoŋ

le citron.

karott

la carotte

laac

l'ail

bambuu

le bambou

soblere

l'oignon

wiiduru gaynako

le champignon

gerte

les noisettes

kodde

les pâtes

espaketii

les spaghetti

maaro

le riz

solaat

la salade

sipse

les pommes frites

padaas pasnaaɗo

les pommes de terre rôties

pissaa

la pizza

amburgoor

le hamburger

sandiis

le sandwich

tayre

l'escalope

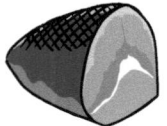

heltinde

le jambon

salaami

le salami

soosiis

la saucisse

gertogal

le poulet

juɗe

le rôti

liingu

le poisson

karaw

les flocons d'avoine

miyesli

le muesli

butaali makka

les cornflakes

cafka

la farine

koraasaŋ

le croissant

loocol mburu

les petits-pains

mburu

le pain

mburu

le pain grillé

mbiskit

les biscuits

boor

le beurre

caakri

le fromage blanc

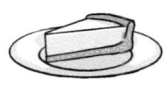

ngato

le gâteau

boofoode

l'œuf

bofoode defaaɗo

l'œuf au plat

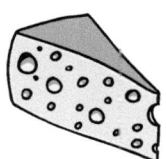

formaas

le fromage

kerem galaas

la glace

suukara

le sucre

njuumri

le miel

piire

la confiture

soosde sokola

la crème nougat

kiri

le curry

ngesa

la ferme

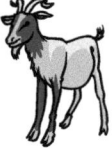

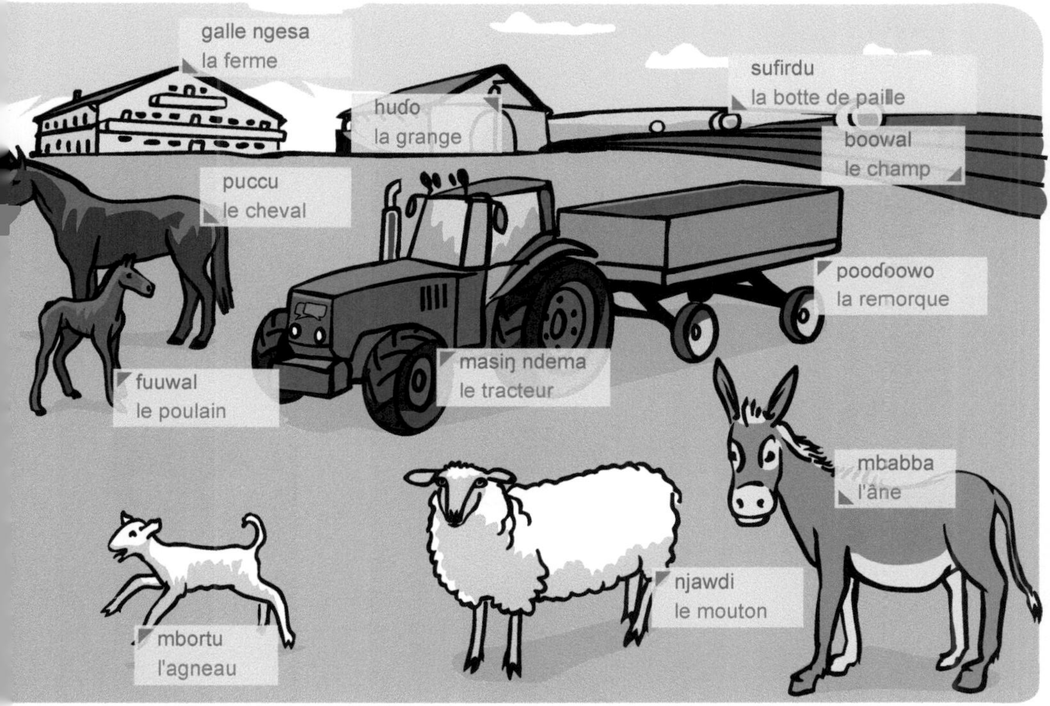
galle ngesa
la ferme
hudo
la grange
sufirdu
la botte de paille
boowal
le champ
puccu
le cheval
poodoowo
la remorque
masiŋ ndema
le tracteur
fuuwal
le poulain
mbabba
l'âne
njawdi
le mouton
mbortu
l'agneau

ndamndi

la chèvre

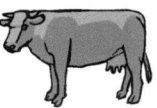

ngaari

la vache

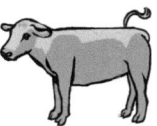

ñale

le veau

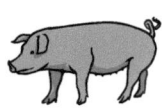

mbaba tugal

le porc

ɓingel tugal

le porcelet

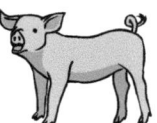

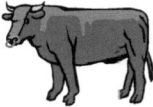

ngaari

le taureau

jaawalal

l'oie

jaawangal

le canard

gertogal

le poussin

jarlal

la poule

ngori

le coq

doombru

le rat

ulluundu

le chat

dombru

la souris

ngaari

le bœuf

rawaandu

le chien

suudu rawaandu

le chenil

lekki werte

le tuyau de jardin

bitel ndiyam

l'arrosoir

jalo

la faucheuse

jabbude

la charrue

wafdu

la faucille

caga

la pioche

furset yettirɗo

la fourche

jambere

la hache

burwett

la brouette

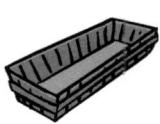

jardugal

la cuve

bitel kosam

le pot à lait

bonnude

le sac

heerorde

la clôture

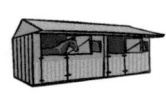

dari

l'étable

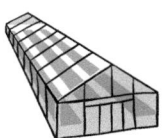

resofmaaŋ

le serre

leydi

le sol

aawdi

les semences

engere

l'engrais

rendin coñoɔwo

la moissonneuse-batteuse

soñ

récolter

coñal

la récolte

ñambi

l'igname

ndiyamiri

le blé

soozaa

le soja

padaas

la pomme de terre

makka

le maïs

aawdi adan

le colza

lekki ɓesnooki

l'arbre fruitier

kasaawa

le manioc

gawri

les céréales

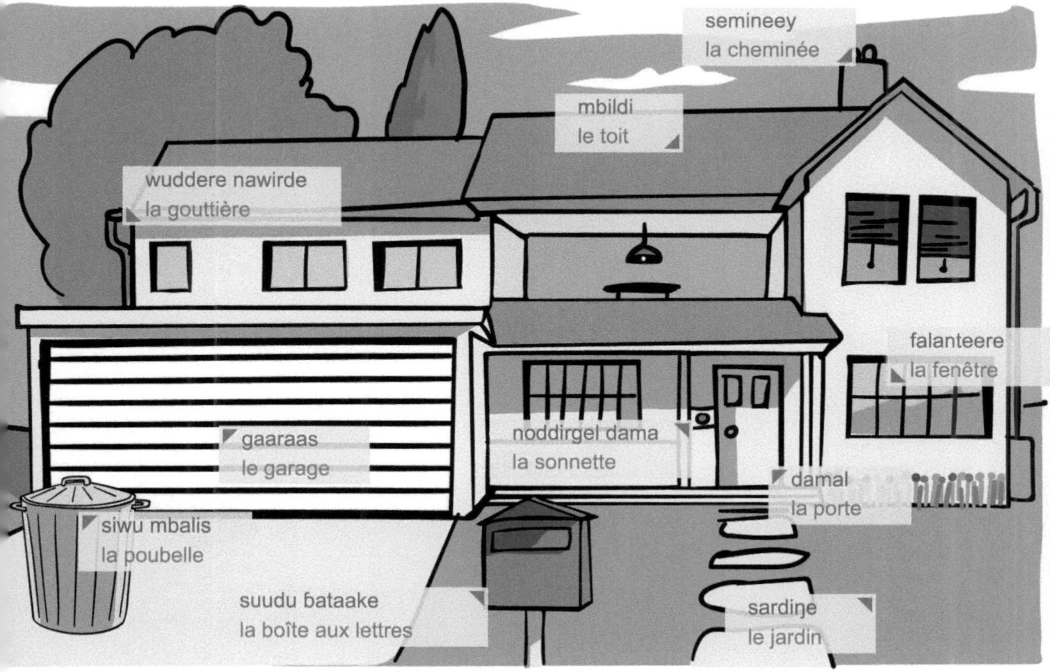

semineey
la cheminée

mbildi
le toit

wuddere nawirde
la gouttière

falanteere
la fenêtre

gaaraas
le garage

noddirgel dama
la sonnette

damal
la porte

siwu mbalis
la poubelle

suudu ɓataake
la boîte aux lettres

sardiŋe
le jardin

saal

le salon

lootorde

la salle de bain

waañ

la cuisine

suudu lelteendu

la chambre à coucher

suudu suka

la chambre d'enfant

suudu hirtordu

la salle à manger

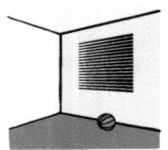

leydi

le sol

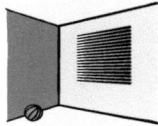

miir

le mur

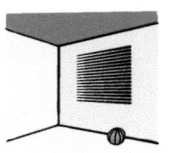

dira

le plafond

masiŋel

la cave

soona

le sauna

balkooŋ

le balcon

teeraas

la terrasse

pisin

la piscine

tondoos

la tondeuse à gazon

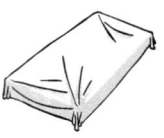

kaayit

la housse

mbertanteeri

la couette

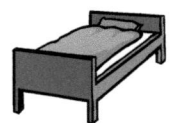

lelnde

le lit

pittirɗe

le balai

siwoo

le sceau

waylu

l'interrupteur

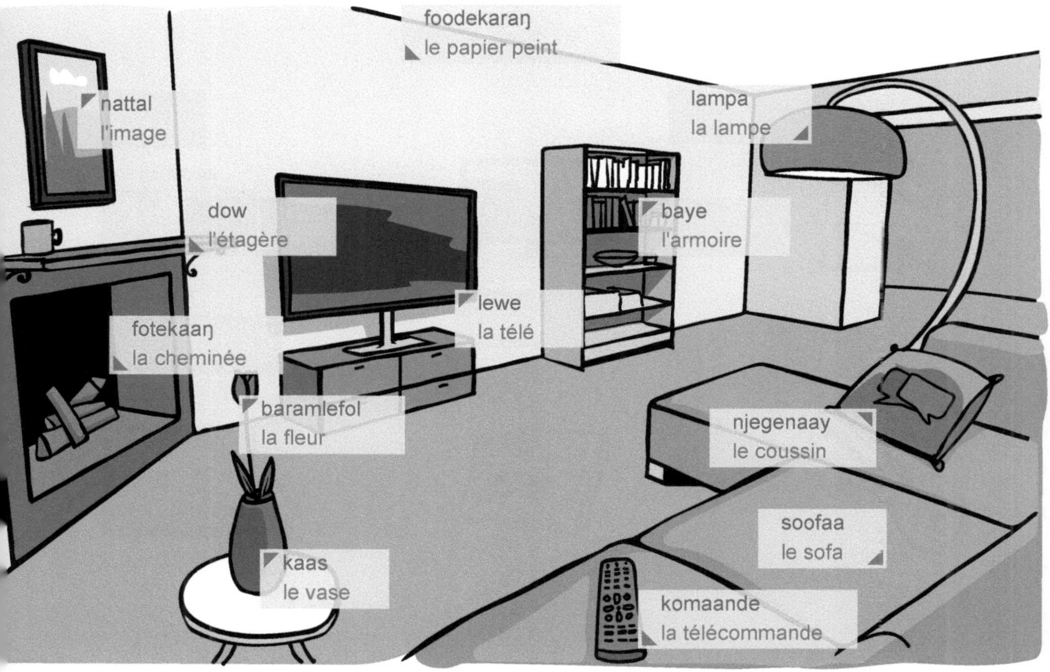

foodekaraŋ
le papier peint

nattal
l'image

lampa
la lampe

dow
l'étagère

baye
l'armoire

lewe
la télé

fotekaaŋ
la cheminée

baramlefol
la fleur

njegenaay
le coussin

soofaa
le sofa

kaas
le vase

komaande
la télécommande

tappi

le tapis

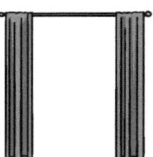

rido

le rideau

taabal

la table

joodorde

la chaise

joodorde timmunde

la chaise à bascule

tuggorde

le fauteu l

deftere

le livre

suddaare

la couverture

cinki

la décoration

docotal

le bois de chauffage

filmo

le film

kuutorɗe hi-fi

la chaîne hi-fi

caabi

la clé

jaaynde

le journal

pentiirde

la peinture

posteer

le poster

haalirde

la radio

deftel mooftirgel

le bloc-notes

ŋabbude

l'aspirateur

siwo lekki

le cactus

sondel

la bougie

waañ

la cuisine

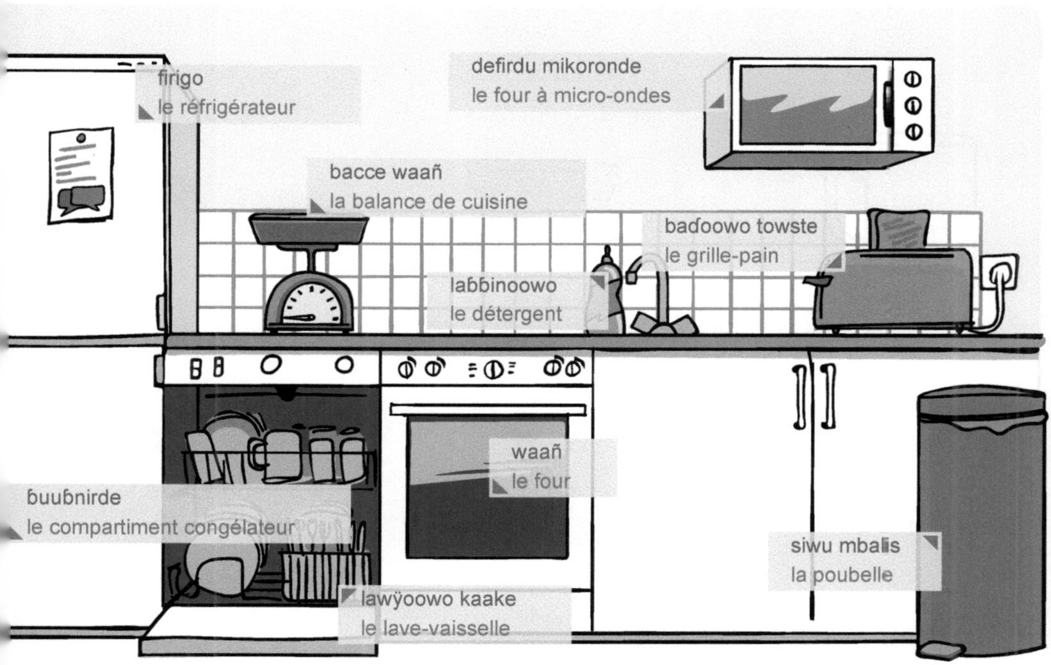
firigo
le réfrigérateur
defirdu mikoronde
le four à micro-ondes
bacce waañ
la balance de cuisine
baɗoowo towste
le grille-pain
laɓɓinoowo
le détergent
waañ
le four
ɓuuɓnirde
le compartiment congélateur
siwu mbalis
la poubelle
lawÿoowo kaake
le lave-vaisselle

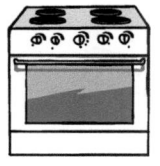

defoowo

le four

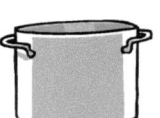

pot

la casserole

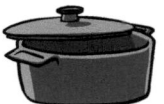

pot baɗɗo njɛmdi

la marmite

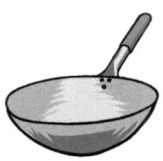

lehel

le wok / kadai

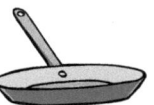

lahal

la poêle

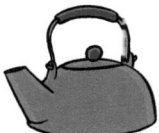

baraade

la bouilloire electrique

gulnoowo

le cuiseur vapeur

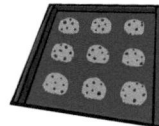

fuur cumirɗo

la plaque de cuisson

wiisirde

la vaisselle

kaas

le gobelet

taasa

la coupe

bakett

les baguettes

heɗirde

la louche

kuundal

la spatule

burgal

le fouet

gulnirɗo

la passoire

pool

le tamis

koosoowo

la râpe

wowru

le mortier

njuɗu

le barbecue

lewlewndu

la cheminée

alluwal tayirgal

la planche à découper

dullirgal

le rouleau à pâtisserie

tenaay

le tire-bouchon

potyel

la boîte

udditirɗo potyel

l'ouvre-boîte

jaggoowo pot

les maniques

lawÿirde

le lavabo

borisde

la brosse

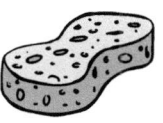

epoos

l'éponge

jiiɓoowo

le mixeur

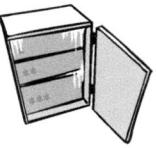

firigo juutɗo

le congélateur

bitel tiggu

le biberon

robine

le robinet

lootorde
la salle de bain

wulnude
le chauffage
ɓuftogol
la douche
sarbet
la serviette
rido ɓuftorde
le rideau de douche
sumbu lootorɗo
le bain moussant
nokku lootorɗo
la baignoire
weer
le verre
masiŋ guppirɗo
la machine à laver
robine
le robinet
biifi
le carrelage
woppirde
le pot
lawŷirde
le lavabo

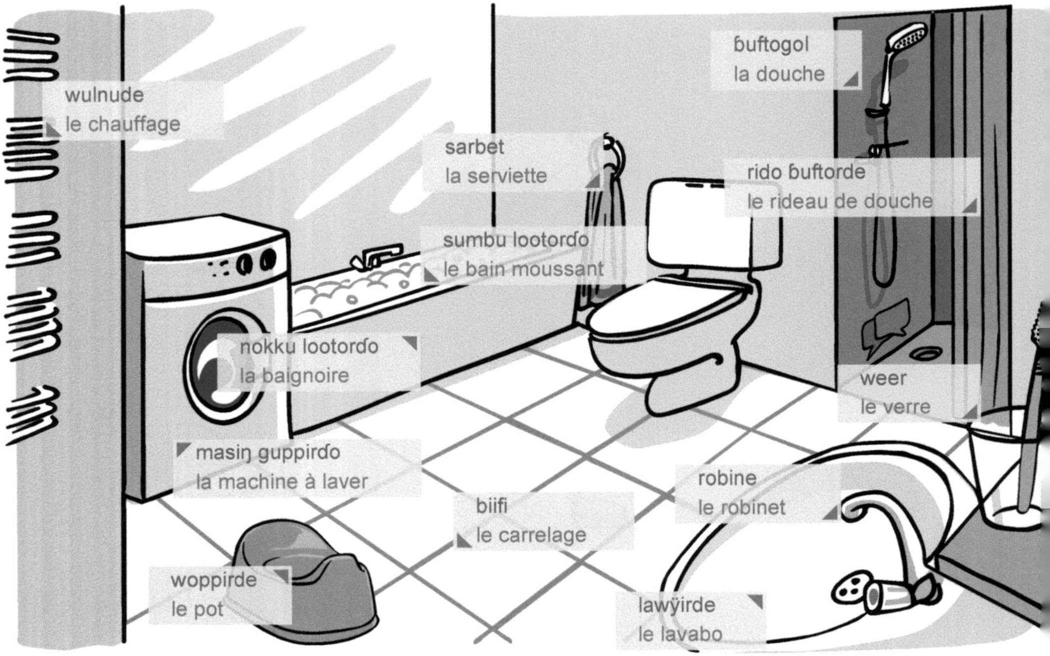

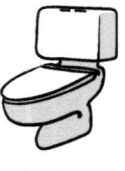

heblorde
les toilettes

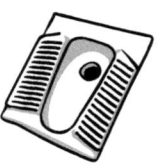

yaltirde les
la toilette à la turque

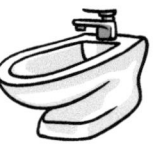

yaltirde
le bidet

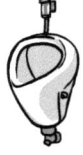

soofirde
l'urinoir

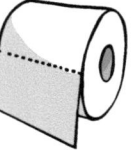

kaayit heblorde
le papier toilette

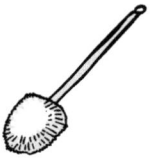

boros heblorde
la brosse à toilette

boros ñiiÿe

la brosse à dents

pat cocorɗo

le dentifrice

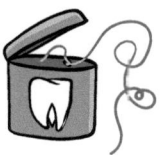

cocorgal

le fil dentaire

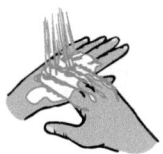

lawyu

laver

ɓuftorde jungo

la douche manuelle

jampe

la douche intime

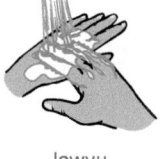

taasa

la vasque

boros keeci

la brosse dorsale

saabunde

le savon

nebam ɓuftorde

le gel douche

sampoye

le shampooing

lootogel

le gant de toilette

yupude

l'écoulement

mileen

la crème

lati

le déodorant

lootorde - la salle de bain

39

daarogal

le miroir

daarogal jungo

le miroir cosmétique

rasuwaar

le rasoir

sumbu pemborɗo

la mousse à raser

lallitirde

l'après-rasage

koomu

la peigne

boros

la brosse

yoorno hoore

le sèche-cheveux

uurna hoore

la laque pour cheveux

makiyaas

le fond de teint

lippo

le rouge à lèvres

emaaye segene

le vernis à ongles

wiro

l'ouate

sisooje segene

le coupe-ongles

parfooŋ

le parfum

saawdu lawyirdu

la trousse de toilette

kuudi

le tabouret

bacce ɓetirde

le pèse-personne

wutte lootorɗo

le peignoir

kawaseeje dalli

les gants de nettoyage

tampooŋ

le tampor

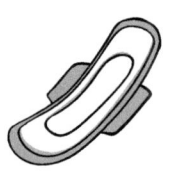

sarbet laɓɓinoorɗo

es serviettes hygiéniques

lootogol cellungol

la toilette chimique

suudu suka

la chambre d'enfant

mantoor pindinoowo
le réveil
pijirgel ɗaatngel
le doudou
oto fijirde
la voiture jouet
rekeet
le hochet
suudu puppe
la maison de poupée
tawa
le cadeau

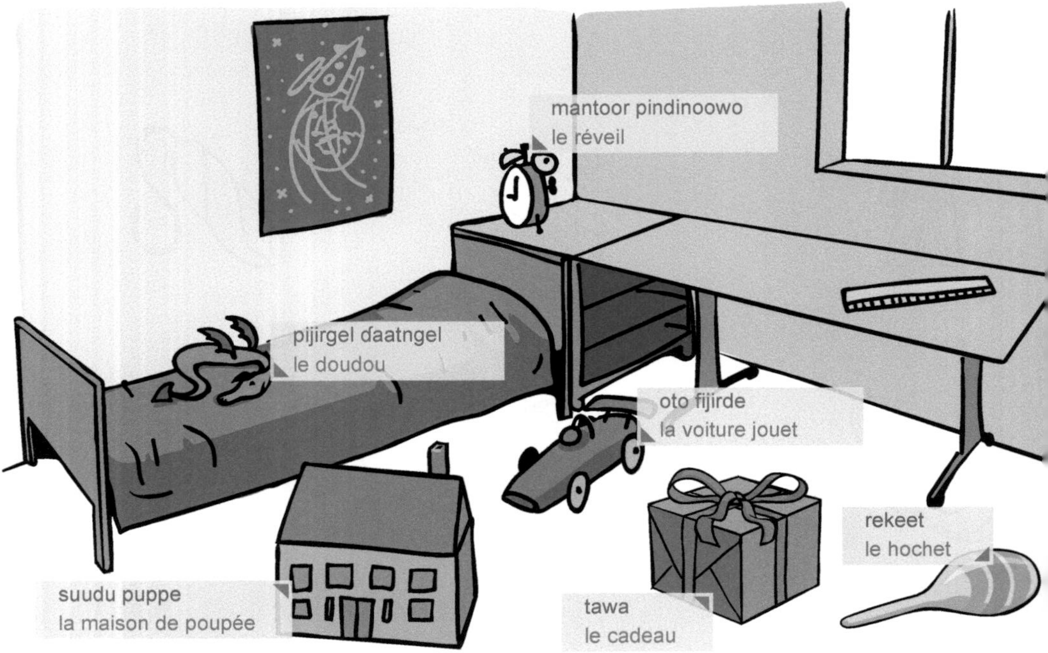

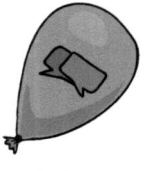

balooŋ

le ballon

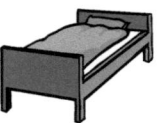

lelnde

le lit

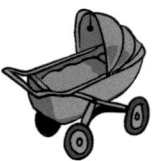

puus puus

la poussette

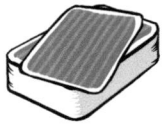

taabal karte

le jeu de cartes

juwirgal

le puzzle

SUPER
MEGA

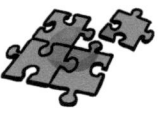

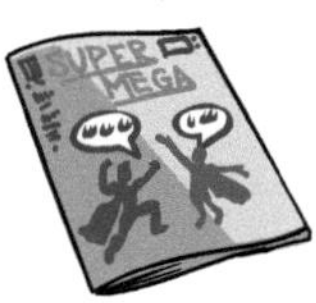

jalnii

la bande dessinée

tuufeeje lego

les pièces lego

kaaÿe maadi

les blocs de construction

pijirgel suka

la figurine

wutte suka

la grenouillère

mbiifu

le frisbee

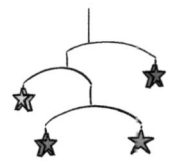

noddirgel

le mobile

fijirde alluwal

le jeu de société

dee

le dé

tereŋ jahiroowo batiri

le train miniature

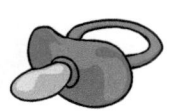

ɗaayɗo

la sucette

hiirde

la fête

deftere natte

le livre d'images

bal

la balle

puppe

la poupée

fij

jouer

ngaska leydi

le bac à sable

yirlude

la balançoire

pijirɗe

les jouets

fijirde widoo peley

la console de jeu

biifi tati

le tricycle

uluundu pijirgel

l'ours en peluche

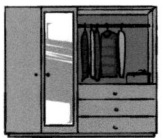

woliis

l'armoire

boornogol

les vêtements

kawaseeje

les chaussettes

baardinirɗi

les bas

dogirɗi

le collant

muurnorde
l'écharpe

paraseewal
le parapluie

tiset
le t-sh rt

dadorde
la ceinture

bataaje
les bottes

pađe joođorđe
les pantoufles

dogirđe
les baskets

caraax
les sandales

pađe
les chaussures

bataaje dalli
les bottes de cacutchouc

cakkirđi
les sous-vêtements

site ŋoos
le soutien-gorge

weste
le maillot de corps

ɓandu

le body

tuuba

le pantalon

jiin

le jean

sippu

la jupe

buluus

le chemisier

wuttel

la chemise

piliweer

le pull

njallaaba

le sweat à capuche

balaseer suka

la veste

jakett

la veste

sabandoor

le manteau

wutte toɓo

l'imperméable

kossim

le costume

robbo

la robe

wutte cuddungu

la robe de mariée

cakkirɗo

le costume

robbo baalduɗo

la chemise de nuit

baaluɗi

le pyjama

sari

le sari

fiilorde

le foulard

kaala

le turban

misoor

la burqa

haftan

le caftan

abaaye

l'abaya

lumborɗo

le maillot de bain

leɗɗe

le maillot de bain

kilooti

le short

dewirɗi

a tenue d'entraînement

aparooŋ

le tablier

kawase

les gants

nebbu

le bouton

lone

les lunettes

jawo

le bracelet

cakka

le collier

feggere

la bague

hootonde

la boucle d'oreille

laafa

le bonnet

jaggirgal sabandoor

le cintre

kufna

le chapeau

karwaat

la cravate

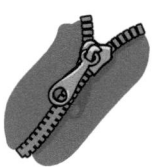

korsude

la fermeture éclair

tengaade

le casque

jawe

les bretelles

wutte jaŋirɗo

l'uniforme scolaire

dadorɗo

l'uniforme

nappu suka

le bavoir

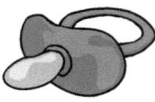

ɗaayɗo

la sucette

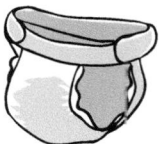

fooftini

la lange

gollorde
le bureau

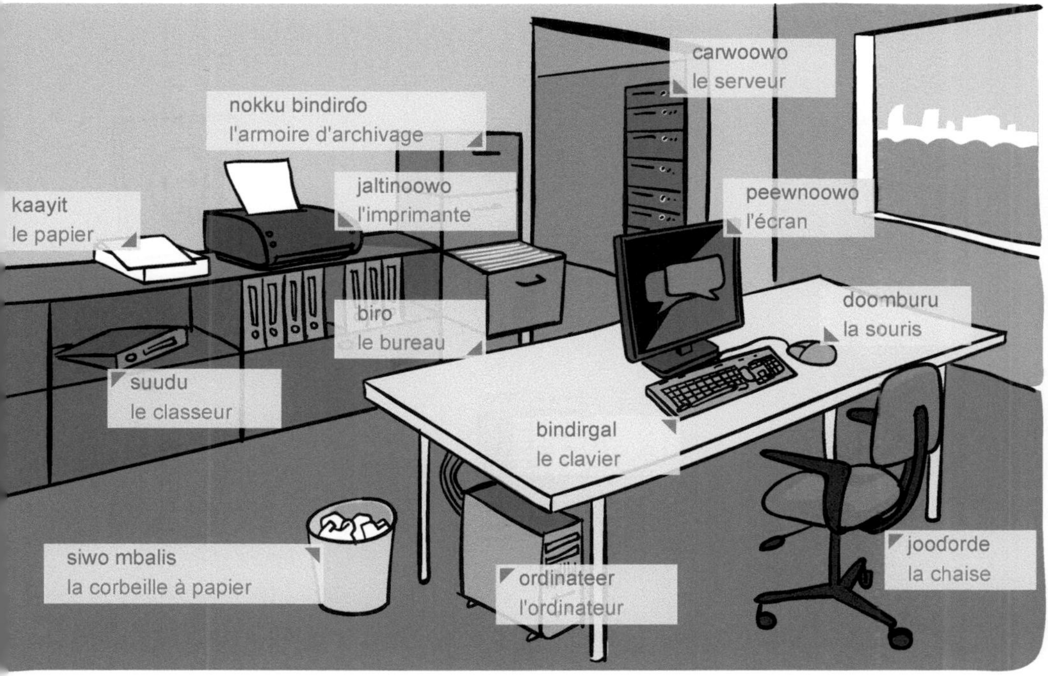

koppu kafe

la tasse de café

tongirde

la calculatrice

enternet

l'internet

carwoowo
le serveur

nokku bindirɗo
l'armoire d'archivage

jaltinoowo
l'imprimante

kaayit
le papier

peewnoowo
l'écran

biro
le bureau

doomburu
la souris

suudu
le classeur

bindirgal
le clavier

siwo mbalis
la corbeille à papier

ordinateer
l'ordinateur

jooɗorde
la chaise

ordinateer

l'ordinateur portable

ɓataake kaayit

la lettre

ɓataake

le message

noddirgel

le portable

jokkondiral

le réseau

nandinoowo

la photocopieuse

kuutorgel

le logiciel

noddirgel

le téléphone

piriis

la prise

masiŋ faksii

le fax

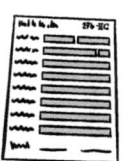

sifaa

le formulaire

kaayit

le document

sood

acheter

yoɓ

payer

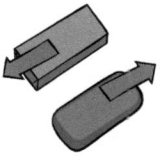

yeey

faire du commerce

kaalis

la monnaie

dolaar

le dollar

oro

l'euro

yeen

le yen

ruubal

le rouble

siiwis farayse

le franc suisse

yuwaan renminbi

le renminbi yuan

ruppii

la roupie

nokku ngalu

le distributeur automatique

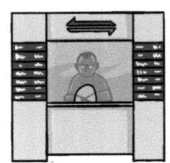

nokku beccirɗo

le bureau de change

kaŋe

l'or

kaalis

l'argent

peteroŋ

le pétrole

doole

l'énergie

coggu

le prix

jokkondiral

le contrat

lempo

la taxe

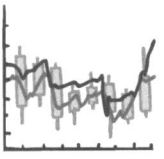

jeyii

l'action

liggo

travailler

liggotooɗo

l'employé

ligginoowo

l'employeur

isin

l'usine

yeeyirde

le magasin

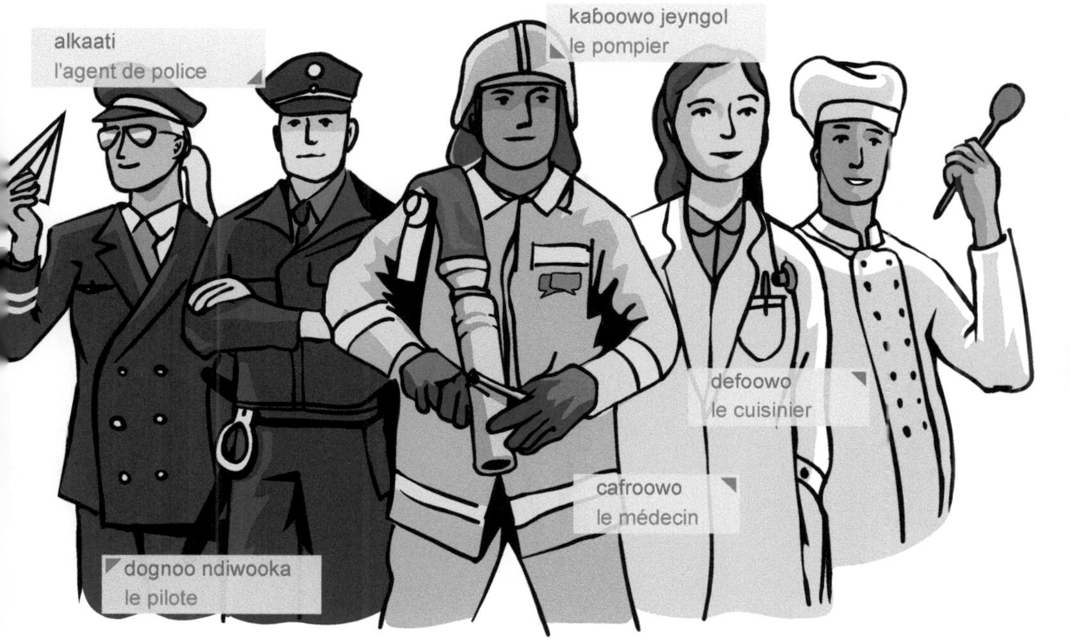

alkaati
l'agent de police

kaboowo jeyngol
le pompier

defoowo
le cuisinier

cafroowo
le médecin

dognoo ndiwooka
le pilote

mooftoowo

le jardinier

meniise

le menuisier

gawoowo debbo

la couturière

ñaawoowo

le juge

simiyanke

le chimiste

aktoor

l'acteur

diirnoowo biis

le conducteur de bus

diirnoowo taksi

le chauffeur de taxi

gawoowo

le pêcheur

debbo pittoowo

la femme de ménage

biloowo

le couvreur

carwoowo

le serveur

baañoowo

le chasseur

diidoowo

le peintre

piyoo mburu

le boulanger

peewnoo jeyngol

l'électricien

mahoowo

l'ouvrier

eseñoor

l'ingénieur

buusee

le boucher

polombiyee

le plombier

neɗɗo posto

le facteur

soldaat

le soldat

arsitekte

l'architecte

ngaluyanke

le caissier

ledɗeyanke

le fleuriste

mooroowo

le coiffeur

diirnoowo

le contrôleur

peenoowo jamɗe

le mécanicien

gardiiɗo

le capitaine

safroowo ñiiƴe

le dentiste

gando

le scientifique

babbiin

le rabbin

almaami

l'imam

muwaan

le moine

neɗɗo alla

le prêtre

kuutorɗe

les outils

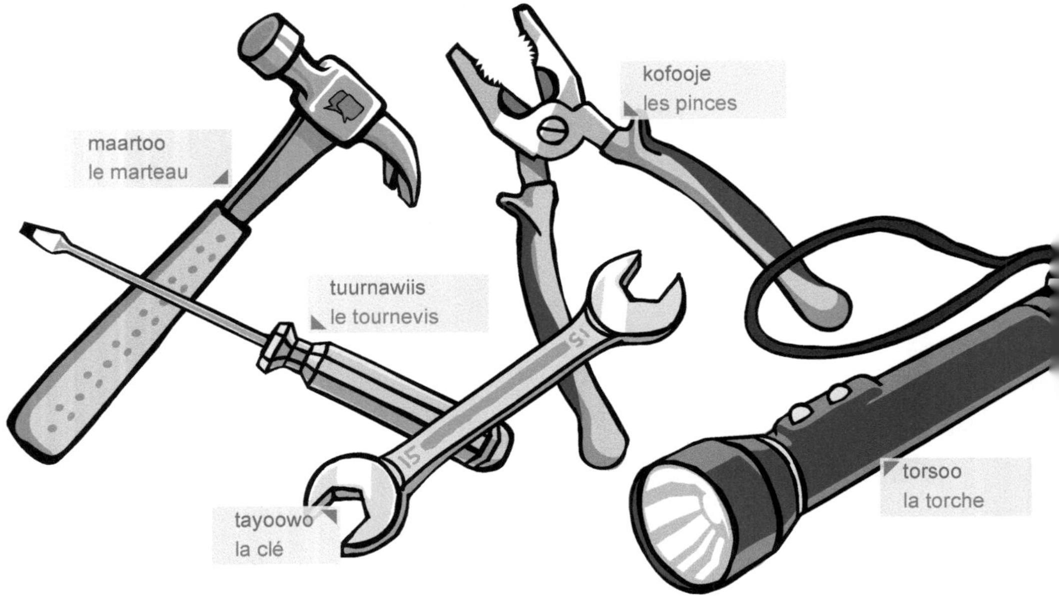
kofooje
les pinces
maartoo
le marteau
tuurnawiis
le tournevis
torsoo
la torche
tayoowo
la clé

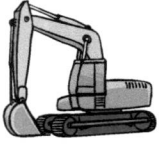

ngasirdi

la pelleteuse

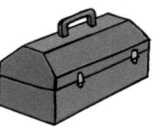

suudu kuutorɗe

la boîte à outils

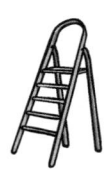

seel

l'échelle

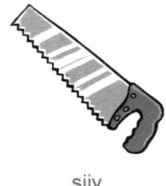

siiy

la scie

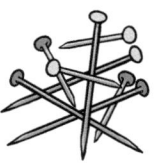

pontooje

les clous

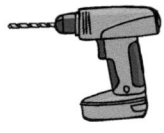

yuwirde

la perceuse

feewnit

réparer

nokkirde

la pelle

sooot

Mince !

peel

la pelle

pot diidirɗo

le pot de peinture

wiisuuji

les vis

pijirɗe
les instruments de musique

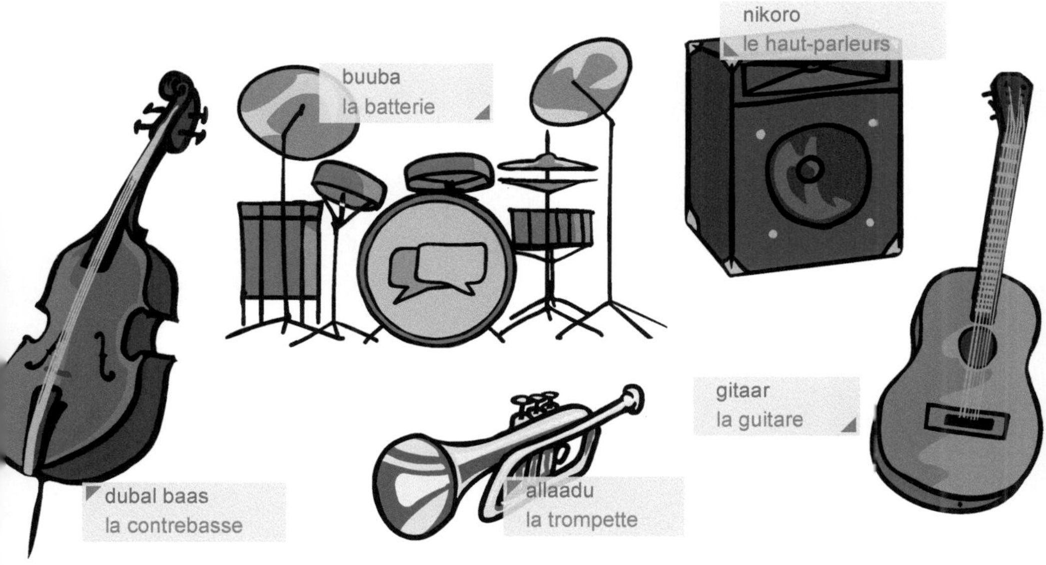

nikoro
le haut-parleurs

buuba
la batterie

gitaar
la guitare

dubal baas
la contrebasse

allaadu
la trompette

piyaano

le piano

ñaañooru

le violon

baas

la basse

timpaan

les timbales

bawɗi

le tambour

bindirgal

le piano électrique

saksofooŋ

le saxophone

coolumbel

la flûte

haaldude

le microphone

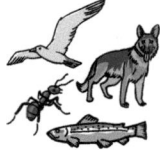

nehirde kulle

le zoo

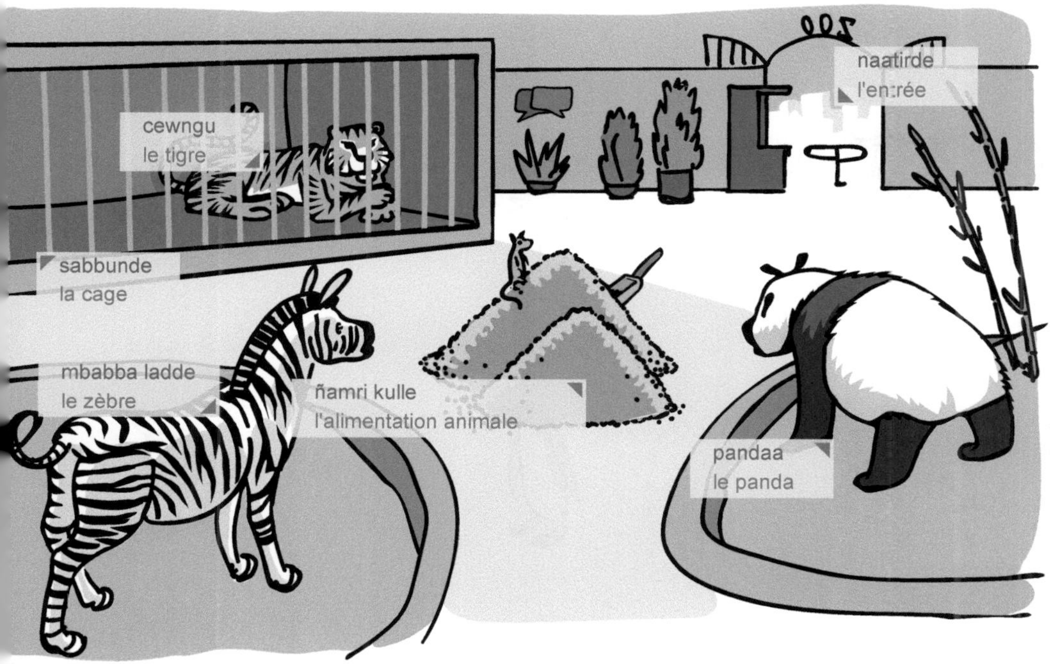

naatirde
l'entrée
cewngu
le tigre
sabbunde
la cage
mbabba ladde
le zèbre
ñamri kulle
l'alimentation animale
pandaa
le panda

kulle

les animaux

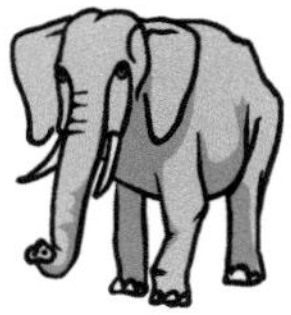

ñiiwa

l'éléphant

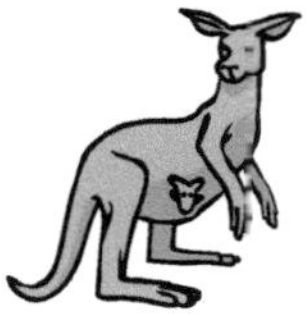

kanguruu

le kangourou

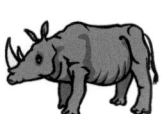

liwoongu

le rhinocéros

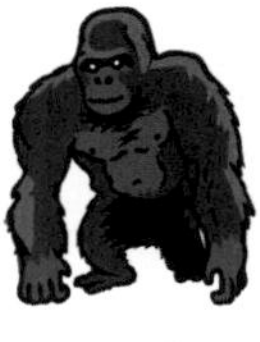

waandu

le gorille

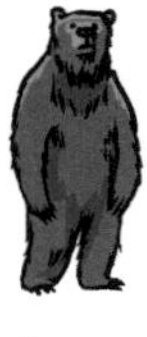

fowru

l'ours

ngelooba

le chameau

jaawagal

l'autruche

mbaroodi

le lion

golo

le singe

ñaarpural

le flamand rose

seku

le perroquet

fowru nees

l'ours polaire

peŋwee

le pingouin

reke

le requin

ngoriyal

le paon

mboddi

le serpent

nooro

le crocodile

deenoowo kulle

le gardien de zoo

liingu

le phoque

cewngu

le jaguar

molel puccu

le poney

cewlu

le léopard

ngabu

l'hippopotame

ñamala

la girafe

ciilal

l'aigle

fowru

le sanglier

liingu

le poisson

heende

la tortue

morsee

le morse

daga

le renard

lella

la gazelle

cofte balli

les sports

fugu koyngel Amarik
l'american Football

welo
le cyclisme

teniis
le tennis

basket
le basket-ball

lumbaade
la natation

okey e galaas
le hockey sur glace

bokse
la boxe

fugu koyngel
le football

badminton
le badminton

dogduuji
l'athlétisme

fugu jungo
le handball

eskiiy
le ski

polo
le polo

golle
les activités

jal
rire
diw
sauter
uurno
embrasser
yah
marcher
yim
chanter
hoyɗu
rêver
juul
prier
buuco
faire la bise

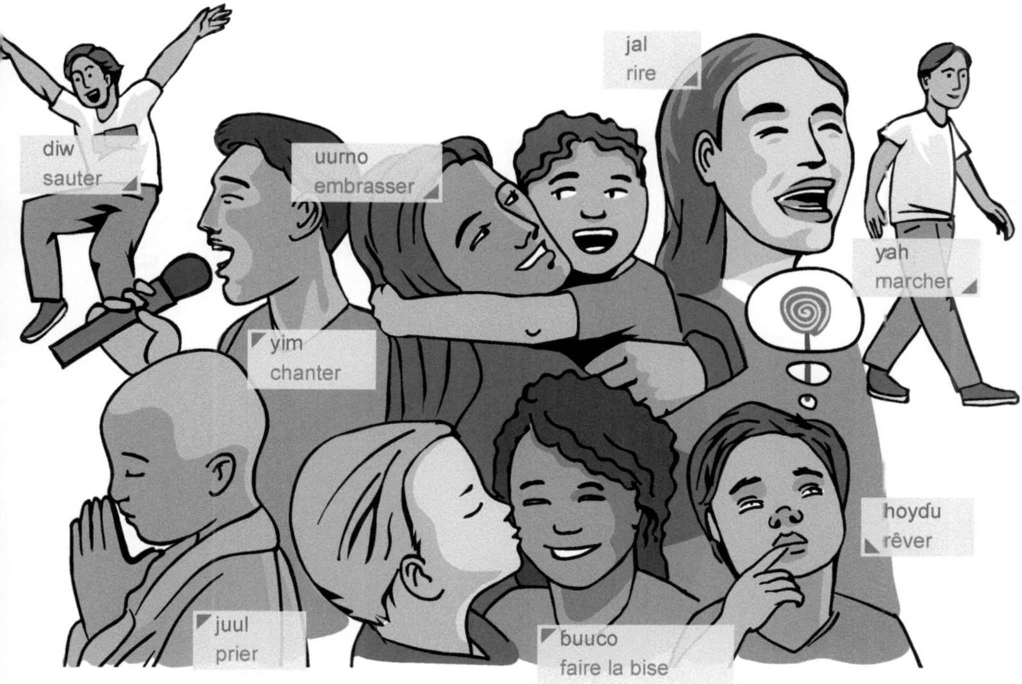

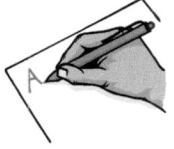

windu
écrire

diid
dessiner

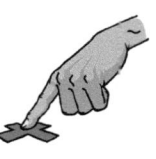

hollu
montrer

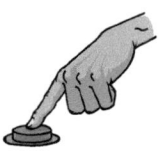

duñ
pousser

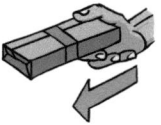

rokku
donner

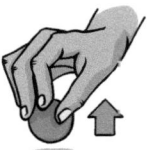

naw
prendre

jogo

avoir

waɗ

faire

won

être

daro

être debout

dog

courir

ittu

trier

weddo

jeter

yan

tomber

fen

être couché

fad

attendre

naw

porter

jooɗo

être assis

ɓoorno

s'habiller

ɗaano

dormir

finn

se réveiller

ndaar

regarder

woy

pleurer

fiiy

caresser

koomu

peigner

haal

parler

faam

comprendre

naamdo

demander

hetto

écouter

yar

boire

ñaam

manger

haɓɓu

ranger

yiɗ

aimer

def

cuire

diirnu

conduire

diw

voler

awyu

faire de la voile

lim

calculer

jangu

lire

jangu

apprendre

liggo

travailler

res

se marier

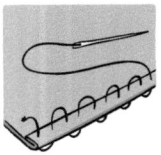

aaw

coudre

boris ñiiÿe

brosser les dents

war

tuer

simmo

fumer

neldu

envoyer

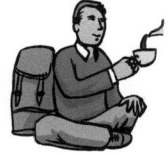

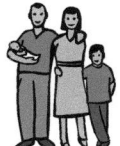

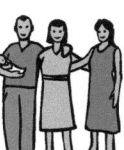

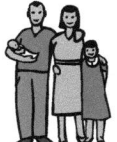

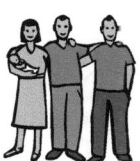

ɓesngu
la famille

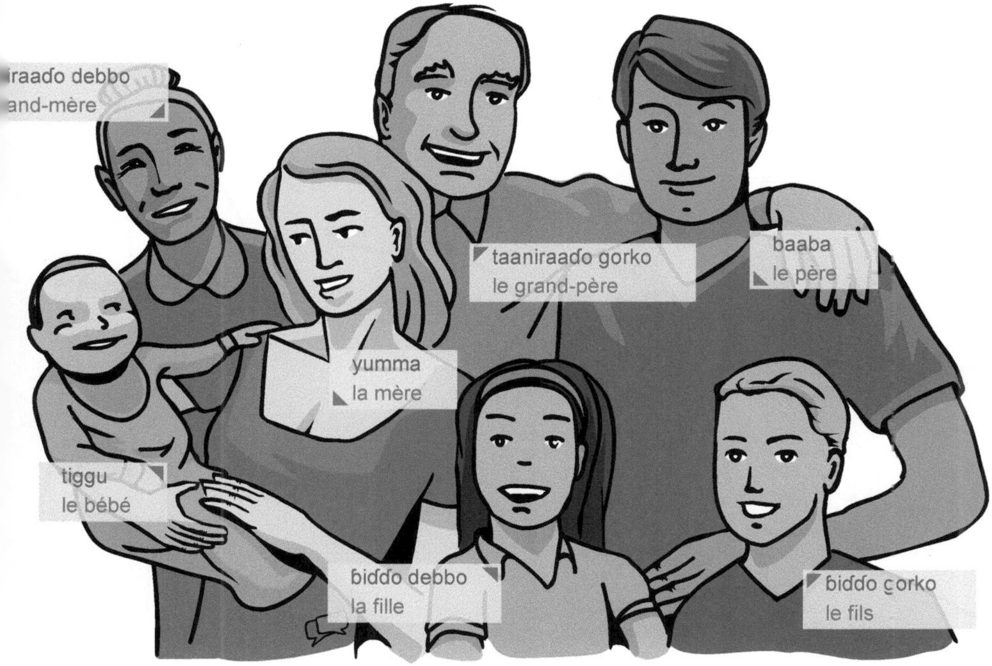
raaɗo debbo
and-mère
taaniraaɗo gorko
le grand-père
baaba
le père
yumma
la mère
tiggu
le bébé
biɗɗo debbo
la fille
biɗɗo gorko
le fils

koɗo

l'hôte

gogo

la tante

kaawiraaɗo

l'oncle

mawniraaɗo gorko

le frère

mawniraaɗo debbo

la sœur

ɓandu

le corps

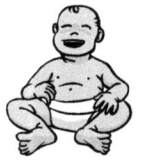

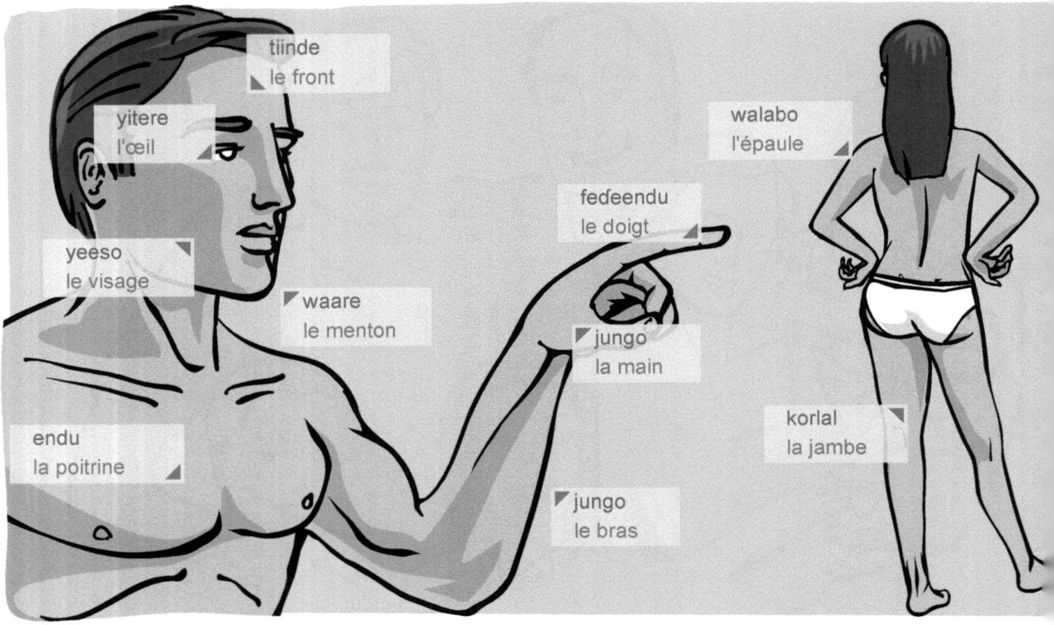

tiinde
le front
yitere
l'œil
yeeso
le visage
waare
le menton
endu
la poitrine
feɗeendu
le doigt
jungo
la main
jungo
le bras
walabo
l'épaule
korlal
la jambe

tiggu

le bébé

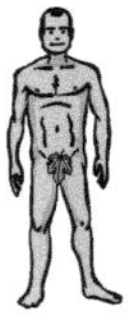

gorko

l'homme

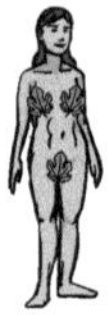

debbo

la femme

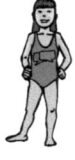

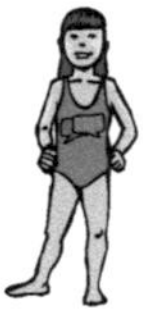

debbo

la fille

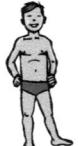

gorko

le garçon

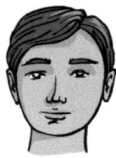

hoore

la tête

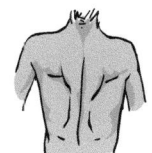

keeci

le dos

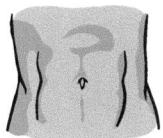

reedu

le ventre

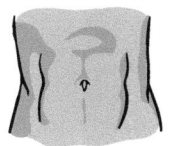

wudduru

le nombril

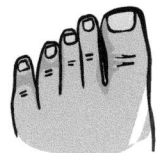

feɗeendu

l'orteil

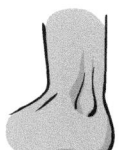

njaaɓordi

le talon

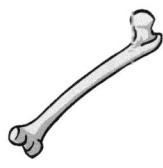

ŷiyal

l'os

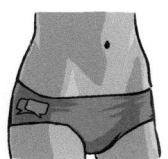

buhal

la hanche

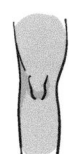

hofru

le genou

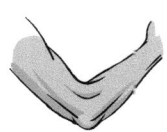

fooɲturu

le coude

hinere

le nez

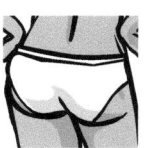

gaɗa

les fesses

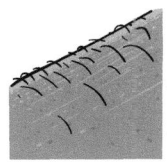

nguru

la peau

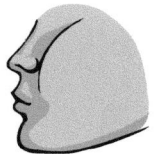

aɓɓuko

la joue

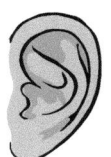

nofru

l'oreille

tondu

la lèvre

ɓandu - le corps

69

hunuko

la bouche

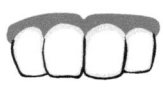

ñiire

la dent

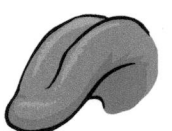

ɗemngal

la langue

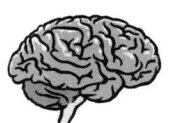

ngaandi

le cerveau

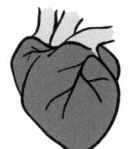

ɓernde

le cœur

ÿiye

le muscle

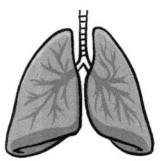

jofe

les poumons

heeñere

le foie

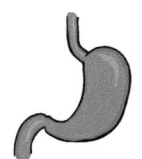

kuuse

l'estomac

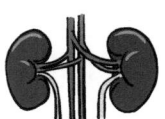

booÿe

les reins

leldaade

le rapport sexuel

kawasal

le préservatif

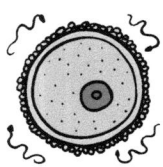

ɓoccoonde

l'ovule

maniiyu

le sperme

cowagol

la grossesse

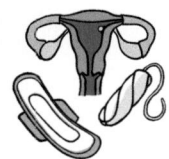

ella

la menstruation

kottu

le vagin

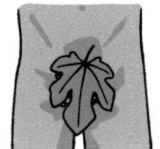

soolde

le pénis

leeɓol yitere

le sourcil

sukundu

les cheveux

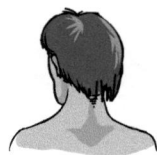

daande

le cou

safrirdu
l'hôpital

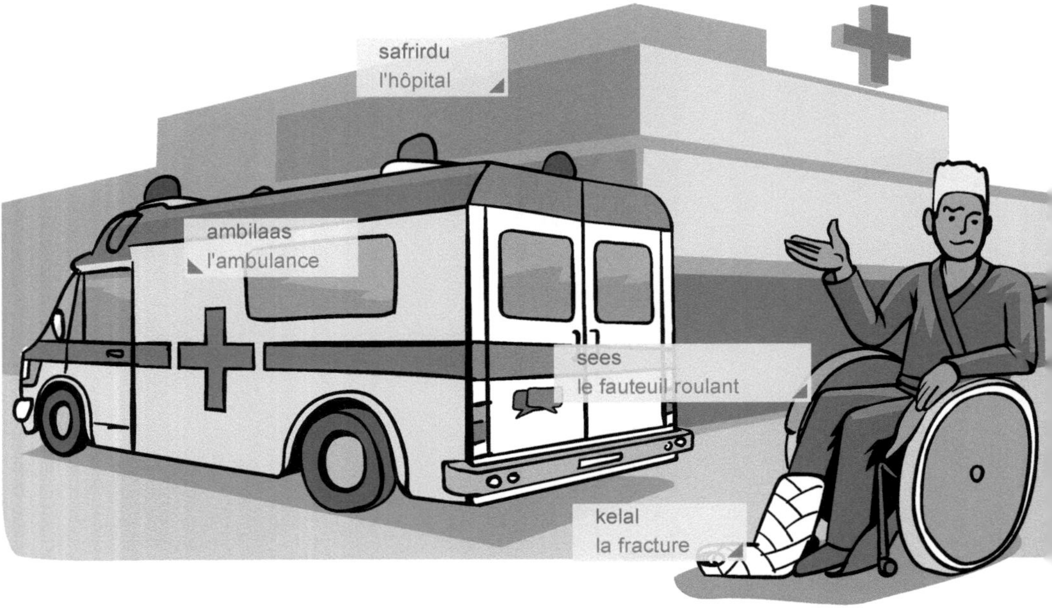

safrirdu
l'hôpital
ambilaas
l'ambulance
sees
le fauteuil roulant
kelal
la fracture

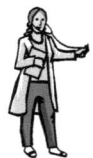

cafroowo

le médecin

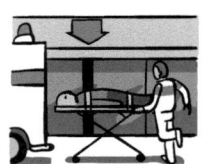

suudu heñaare

le service des urgences

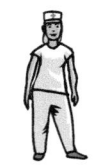

debbo cafroowo

l'infirmière

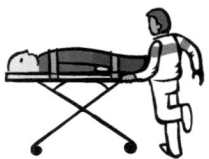

heñorde

l'urgence

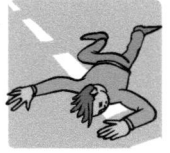

wondaane hakkile

inconscient

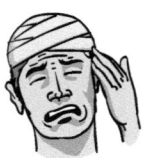

muuseeki

la douleur

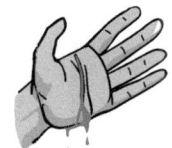

gaañande

la blessure

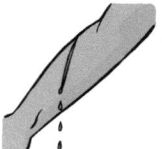

tuɗɗe ŷiiŷam

l'hémorragie

muuseeki bernde

la crise cardiaque

piigol

l'attaque cérébrale

nefo

l'allergie

ɗojjude

la toux

bandu wulooru

la fièvre

pali

la grippe

ndogu reedu

la diarrhée

hoore muusoore

le mal de tête

kaaseer

le cancer

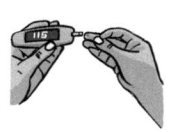

jabett

le diabète

oppiroowo

le chirurgien

jaggirdi

le scalpel

oppeere

l'opération

CT

le CT

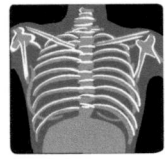

buuɗi x

la radiographie

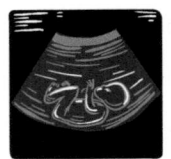

iltarasooŋ

l'échographie

huurirdu yeeso

le masque

rafi

la maladie

heblorde

la salle d'attente

beeke

la béquille

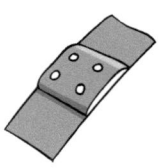

tabak

le pansement

bandaas

le pansement

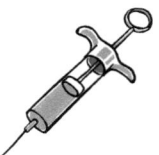

pinggu

l'injection

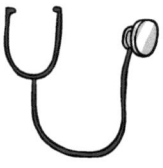

estetoskop

le stéthoscope

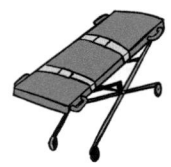

pooɗoowo

le brancard

termomeeter safrirdu

le thermomètre

jibinande

l'accouchement

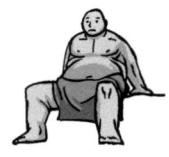

ɓuttiɗgol

la surcharge pondérale

ballal nanirɗe

l'appareil auditif

laɓɓinoowo

le désinfectant

raaɓo

l'infection

wiriis

le virus

SIDAA

le VIH / le sida

lekki

le médicament

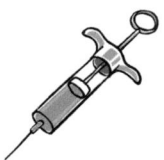

ñakko

la vaccination

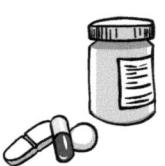

poɗɗe

les comprimés

foɗɗere

la pilule

noddaango heñiingo

l'appel d'urgence

ÿeewtorde yaadu ÿiiyam

le tensiomètre

faawŋi / selli

malade / sain

Ballal

Au secours !

pindinoowo

l'alarme

njangu

l'assaut

raaŋande

l'attaque

boomre

le danger

yaltirde yaawnde

la sortie de secours

Jeyngol

Au feu!

ñifoowo jeyngol

l'extincteur

aksida

l'accident

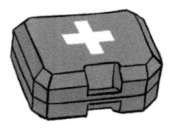

saawdu safaara gadano

la trousse de premier secours

SOS

SOS

poliis

la police

Orop

l'Europe

Amarik Rewo

l'Amérique du Nord

Amarik Worgo

l'Amérique du Sud

Afirik

l'Afrique

Aasi

l'Asie

Ostaraali

l'Australie

Atalantik

l'Océan atlantique

Pasifik

l'Océan pacifique

Maayo Endo

l'Océan indien

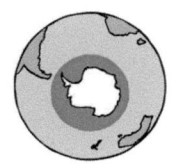

Maayo Antarkatik

l'Océan antarctique

Maayo Arkatik

l'Océan arctique

Baŋe Rewo

le Pôle nord

Baŋe Worgo

le Pôle sud

Antarkatik

l'Antarctique

Leydi

la terre

leydi

le pays

maayo

la mer

siire

l'île

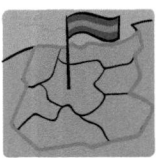

wuro

la nation

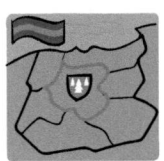

laamu

l'état

yeeso waktu

le cadran

jungo waktu

l'aiguille des heures

jungo hojoma

l'aiguille des minutes

jungo majaango

l'aiguille des secondes

hol waktu?

Quelle heure est-il ?

ñalawma

le jour

saha

le temps

jooni

maintenant

mantoor nattoowo

la montre digitale

hojoma

la minute

waktu

l'heure

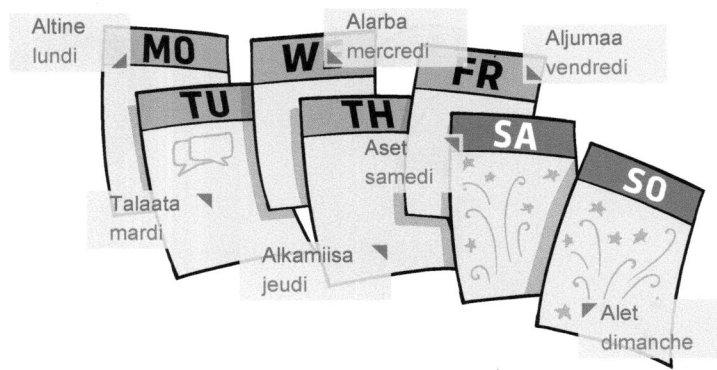

Altine / lundi — Alarba / mercredi — Aljumaa / vendredi — Talaata / mardi — Aset / samedi — Alkamiisa / jeudi — Alet / dimanche

hanki

hier

hande

aujourd'hui

jango

demain

subaka

le matin

ñalawma

le midi

kikiiɗe

le soir

biir

les jours ouvrables

ñalɗi

le week-end

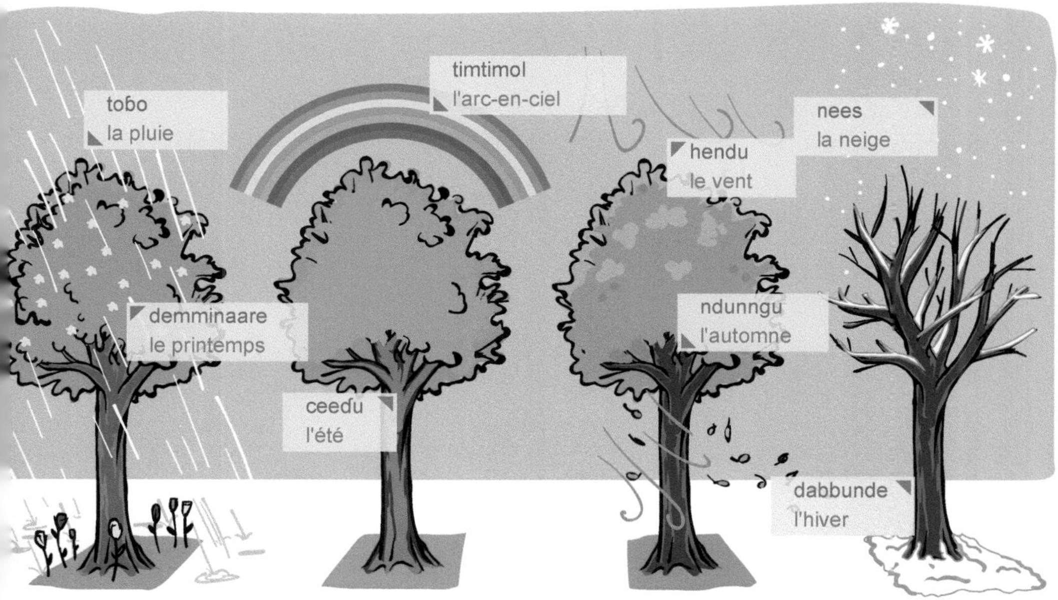

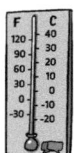

toɓo
la pluie

timtimol
l'arc-en-ciel

nees
la neige

hendu
le vent

demminaare
le printemps

ndunngu
l'automne

ceeɗu
l'été

dabbunde
l'hiver

4.APRIL	11°	
5.APRIL	4°	
6.APRIL	13°	
7.APRIL	8°	
8.APRIL	10°	

kabaaru weeyo

la météo

termomeeter

le thermomètre

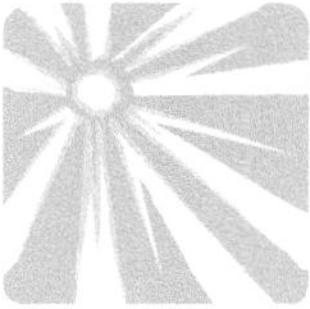

naaŋini

la lumière du soleil

ruulde

le nuage

cuurki

le brouillard

uddeende

l'humidité

majje

la foudre

gidaango

la tonnerre

hendu

la tempête

huɗɗni

la grêle

ruulɗini

la mousson

waame

l'inondation

nees

la glace

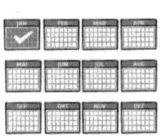

Siilo

janvier

Colte

février

Mbooy

mars

Seeɗto

avril

Duuyal

mai

Korse

juin

Morse

juillet

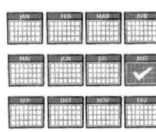

Juko

août

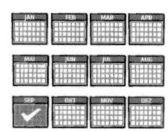

Siilto

septembre

Yarkoma

octobre

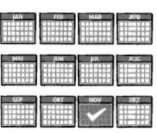

Jolal

novembre

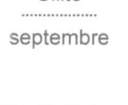

Bowte

décembre

ɓalli

les formes

taarto

le cercle

yaajeendi

le carré

yaajo

le rectangle

saraandi

le triangle

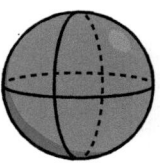

mbiifu

la sphère

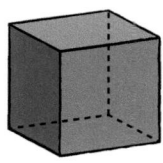

kiibb

le cube

daneejo

blanc

oolo

jaune

oraas

orange

roos

rose

boɗeejo

rouge

mboongu

violet

bulaajo

bleu

werte

vert

cooyo

marron

puro

gris

ɓaleejo

noir

heewi / seeɗa

beaucoup / peu

seki / deeyi

fâché / calme

yooɗi / soofi

joli / laid

fuuɗorde / gasirde

le début / la fin

mawɗo / tokooso

grand / petit

leeri / niɓɓiɗi

clair / obscure

maniraaɗo / miñiraaɗo

frère / soeur

laaɓi / tunwi

propre / sale

timmi / manki

complet / incomplet

ñalawma / jamma

le jour / la nuit

maayi / wuuri

mort / vivant

yaaji / faaɗi

large / étrcit

nano / nanotaako

comestible / incomestible

boni / moÿÿi

méchant / gentil

softi / yoomi

excité / ennuyé

ɓuttiɗi / sewi

gros / mince

adi / wattindi

le premier / le dernier

sehil / gaño

l'ami / l'ennemi

heewi / ɓolɗi

plein / vide

muusi / weeɓi

dur / souple

teddi / hoyi

lourd / léger

heege / ɗomka

faim / soif

faawŋi / selli

malade / sain

wona laawol / laawol

illégal / légal

feerti / muddiɗi

intelligent / stupide

nano / ñaamo

gauche / droite

ɓatti / woɗɗi

proche / loin

keso / kiiɗɗo

nouveau / usé

ndiga / huunde

rien / quelque chose

nayeejo / suka

vieux / jeune

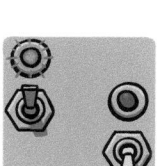

huɓɓi / ñifii

marche / arrêt

uditi / uddii

ouvert / fermé

deeÿi / dille

faible / fort

alɗi / waasi

riche / pauvre

goonga / fenaande

correct / incorrect

tiiɗi / nooyi

rugueux / lisse

metti / weli

triste / heureux

raɓɓiɗi / juuti

court / long

leeli / yaawi

lent / rapide

leppi / yoori

mouillé / sec

wuli / ɓuuɓi

chaud / froid

hare / jam

la guerre / la paix

pinɗe

les nombres

0

ndiga

zéro

1

gooto

un / une

2

ɗiɗi

deux

3

tati

trois

4

nay

quatre

5

joy

cinq

6

jeegom

six

7

jeeɗiɗi

sept

8

jeetati

huit

9

jeenay

neuf

10

sappo

dix

11

sappoy goo

onze

12

sappoy ɗiɗi

douze

13

sappoy tati

treize

14

sappoy naγ

quatorze

15

sappoy joy

quinze

16

sappoy jeegom

seize

17

sappoy jeeɗiɗi

dix-sept

18

sappoy jeetati

dix-huit

19

sappoy jeenay

dix-neuf

20

noogaas

vingt

100

teemedere

cent

1.000

ujunere

mille

1.000.000

miliyooŋ

le million

Aŋale
l'anglais

Aŋale Amarik
l'anglais américain

Mandare Siinaaɓe
le chinois mandarin

Hindi
le hindi

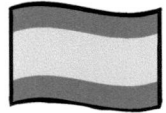

Españool
l'espagnol

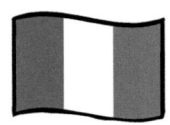

Farayse
le français

Arab
l'arabe

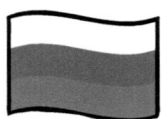

Riis
le russe

Portigees
le portugais

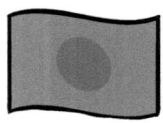

Bengali
le bengali

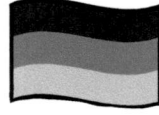

Almaa
l'allemand

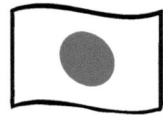

Sapponee
le japonais

miin

je

an

tu

kanko / kanko / kanum

il / elle / ce, c', cela

minen

nous

onon

vous

kamɓe

ils / elles

holoon?

Qui ?

holɗuum?

Quoi ?

holnoon?

Comment ?

holtoon?

Où ?

mande?

Quand ?

inde

le nom

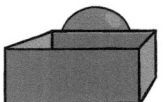

caggal

derrière

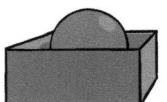

nder

dans

sawndo

devant

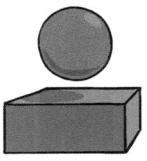

dow

au-dessus

e

sur

les

en-dessous

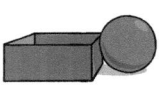

sara

à côté de

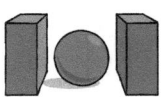

hakkunde

entre

nokku

le lieu